元陸上自衛官ぱやぱやくんが会得した

金曜夜まで仕事のモチベが続く言葉

ぱやぱやくん

大和出版

はじめに

平日5日間、ラク〜に乗り切りたいあなたへ

数多くある書籍の中から、本書を手に取っていただき、本当にありがとうございます。

突然ですが、あなたにはこんな悩みはありませんか？

- 気が重い会議があって、布団から出たくない
- 営業ノルマのプレッシャーに押しつぶされそう
- 嫌な同僚の発言でイライラ……
- 仕事が次から次にやってきて、残業ばかり
- 日曜夜に「明日仕事したくない」と気がふさぐ

「私のことだ！」と、ドキッとした方もいるかもしれませんね。

この本を手に取ってくれたということは、きっと、**「仕事がつらい」「毎日しんどい」**という思いを抱いている人が多いのではないでしょうか。

なぜ、そう言えるのか――。それは、私自身が、これまでずっと、仕事のストレスで悩んできたからです。

上司から理不尽に怒られたり、緊張とストレスで胃がキリキリしたり――。

会社で働いていれば、思い通りにいかないことや嫌な思いをすることもあります。

「これはもうダメかも」とくじけそうになることだって、たくさんありますよね。

そこで本書では、**月曜日～金曜日の平日5日間を、気持ちよく乗り切るための方法**をお伝えしていきます。

あらためまして、私は「ぱやぱやくん」と呼ばれ、ＴｗｉｔｔｅｒをはじめとしたＳＮＳやウェブメディアをメインに活動しています。

ここで私の経歴を簡単にご紹介いたしますと――。高校卒業後に防衛大学校に進学。防大を卒業後は陸上自衛官としての道を歩み、自衛隊を退職後は会社員として働き、今は作家としても活動しております。

自衛隊出身なんて経歴を見ると、**「オレは最強！　クヨクヨしないで一緒にベンチプレスしようぜ！」**と語り出しそうですが、私は元来「意識低い系」でネガティブ思考、自衛隊在籍時も**いつも心がブルーな気分で包まれていました。**

こんな私ですが、自衛隊で学んだ多くの言葉に救われ、その言葉たちは、いまでは**生きる上での財産**になっています。

ご想像の通り、陸上自衛隊の日常は心身共にハードなことばかりです。

真夏の太陽が照りつける猛暑日でも、氷点下の吹雪の中でも、任務達成のために必死になって行動する。そういった組織だからこそ、**隊員の中で語り継がれている**

言葉があります。

その一部を紹介すると、

「始まれば終わったようなもの」

「時が全てを解決する」

「つらいときは心のスイッチをオフにしろ」

などなど、現場の隊員はこういった言葉で自分を励まし、過酷な任務や訓練を乗り越えているのです。


「自衛隊の言葉なんて自分には関係ないや」「普通の会社員には効果ないんじゃないの？」と思われる方もいるかもしれませんね。

でも大丈夫。本書では、自衛隊時代に教わった言葉や経験を踏まえつつ、**仕事のモチベーションを回復できる言葉や会社員時代に私自身が効果を感じた言葉**だけを厳選しました。

実際にこれらの言葉をＴｗｉｔｔｅｒで投稿したところ、

・職場の人間関係でのイライラにストップをかけることができました！
・布団の中で、「また怒られたらどうしよう」などと嫌なことをぐるぐると考えてしまう癖がなくなりました！
・明日は気の重い会議がありますが、この言葉で頑張れそうです！

と多くの方々から共感の言葉をいただいています。

「しんどいな〜」と思ったときや、寝る前、通勤途中、仕事の合間。
いつでもパラっとめくってみてください。
きっと、**平日5日間を乗り切る「お守りになる言葉」**が見つかるはず。
本書が皆様の心の支えになれば幸いです。

ぱやぱやくん

金曜夜まで仕事のモチベが続く言葉　目次

はじめに――平日5日間、ラク〜に乗り切りたいあなたへ

第1章

「仕事やりたくないな……」がなくなる！ 月曜日の言葉
やり過ごせれば、もはや勝ち

01 ▼ スタートダッシュが一番キツい――018
02 ▼ 心のダメージを最小限にする方法――020
03 ▼ 戦闘シミュレーション、していませんか？――022

04 人前でしゃべるときのコツ 024
05 友人の人生と自分の人生を比較しない 026
06 「自分はダメな奴」って、それ本当？ 028
07 この方法で、「つい後回しグセ」がなくなる！ 030
08 パニックになったときこそ、周りを見渡す 032
09 25歳からが人生の本番 034
10 アドバイスには心のバリアを 036
11 人生の審判になってはいけない 038
12 迷ったら、身体の声を聞く 040
13 先回りして考えすぎない 042
14 すんなり「自己肯定感」を高める方法 044
column 1 あえて「幸せレベル」を下げてみる 046

第2章

自分のミスで誰か死んだわけじゃないなら、大丈夫

「失敗ばかりで自己嫌悪」がなくなる！　火曜日の言葉

15 ▼ 「つまらない人生」から抜け出すには ―― 050
16 ▼ 気遣いをやめてみる ―― 052
17 ▼ 人の目が気になるときの合言葉 ―― 054
18 ▼ 「しんどい出来事」の乗り越え方 ―― 056
19 ▼ 「恥ずかしい記憶」との付き合い方 ―― 058
20 ▼ この口癖で、ピンチを乗り切る ―― 060
21 ▼ 後悔しないためにできること ―― 062
22 ▼ 「やらかした！」ときはこう切り替える ―― 064
23 ▼ 「効率よく仕事」なんて目指さない ―― 066
24 ▼ 後輩を指導するときは「女優スイッチ」オン ―― 068

25 「営業職がしんどい」あなたへ――070
26 「電話が苦手」がなくなる！――072
27 「話せばわかる」は幻？――074
28 やりたいことの見つけ方――076
column 2 「もう仕方ないよね」と自分を受け入れる――078

第3章 「好かれること」と「嫌われること」はセットです

「つらい人間関係」がなくなる！ 水曜日の言葉

29 「価値観のズレ」は別れの合図――082
30 批判される人ほどレベルが高い――084

31 ▼ つい「正論」を振りかざしていませんか？ 086
32 ▼ 「100％の人気者」なんて存在しない 088
33 ▼ 職場にいる「話しかけにくい人」の正体 090
34 ▼ SNSは「スルー」が肝心 092
35 ▼ 変な噂に振り回されない 094
36 ▼ 「ギャフン！」と言わせたら負け 096
37 ▼ 「悪いのは全部自分」なんてありえない 098
38 ▼ 「嫌な人」を忘れる方法 100
39 ▼ 「飲み会帰りのモヤモヤ」を無視しない 102
40 ▼ 時には、沈黙も大事 104
41 ▼ 「褒め上手」なんて目指さない 106
42 ▼ 説教されたらこう考える 108
column 3 期待を捨てると、うまくいく!? 110

第4章

イライラ・疲労感がなくなる！ 木曜日の言葉

調子が出ないときは「天気」を確認！

43 「寝落ち」が危険な理由 114
44 「原因不明のだるさ」に悩んでいるあなたへ 116
45 ストレスケアは「4秒」がカギ 118
46 寒いときは何をやってもダメ 120
47 悩みのループから抜け出すコツ 122
48 イライラしたときこそ、立ち止まる 124
49 自己評価は激甘がちょうどいい 126
50 「怒りっぽい自分」を変えたいあなたへ 128
51 一瞬で気を紛らわせる秘訣 130

52 ▼ 「褒められて謙遜」、やめませんか？ 132
53 ▼ 心がポキッと折れないために 134
54 ▼ 「腹をくくる」意識を持つ 136
55 ▼ 「他人の幸せ」は自分に関係ない 138
56 ▼ この方法で、やる気がアップ！ 140
column 4 「なんとなく」でチャレンジしてみる 142

第5章 人生は、なんとかなれば大勝利

「将来の不安」がなくなる！ 金曜日の言葉

57 ▼ 相談する相手を選ぶ 146

58 無理に同調しない 148
59 自分の人生は自分で救う 150
60 こんな恋人とは、別れたほうがいい 152
61 実は臆病者が最強!? 154
62 いつもギリギリだって、大丈夫 156
63 「置かれた場所で咲きなさい」と言うけれど…… 158
64 つい考えすぎてしまうあなたへ 160
65 できる人ほど、「午前中」に動く 162
66 思い描いていた人生とのギャップ 164
67 人生は地味で退屈なもの 166
68 価値あるものは、「どん底」にある 168
column 5 逃げ道は、あればあるほどいい 170

おまけの章

「休んだ気がしない……」がなくなる！　土日の言葉

幸せは人それぞれ。自分が幸せなら「リア充」です

69 ▼ 「こたつでアイス」でも十分 ―― 174
70 ▼ 「新しい趣味」に要注意 ―― 176
71 ▼ 近場で旅行気分を味わう ―― 178
72 ▼ 「一日中ゴロゴロ」の罪悪感を捨てる ―― 180
73 ▼ 「誘われる派」の落とし穴 ―― 182
74 ▼ 月曜日が憂鬱なあなたへ ―― 184
column 6 日曜日の夜は、未来に希望を持たせよう ―― 186
おわりに ―― 自分で自分を励まして、今日も生きていく

ブックデザイン　喜來詩織（エントツ）
イラスト　なかきはらあきこ
DTP　美創

第1章

「仕事やりたくないな……」がなくなる！
月曜日の言葉

やり過ごせれば、もはや勝ち

01

スタートダッシュが一番キツい

嫌なことでも、始まれば
終わったようなもの。
実は始まる前が一番つらい。

不条理に怒ってくる相手へのクレーム対応、業務トラブルでの大炎上。
「逃げ出したいな……」と思ったときは、
「始まれば終わったようなもの」と考えてみてください。

この言葉はよく陸上自衛官が使う言葉です。
肉体的・精神的に厳しい環境を乗り越えるときに使います。
物事は始まる前がストレスフルでつらいですが、
始まってしまえば時とともに流れてゴールに向かいます。
始まる前に「嫌だなぁ……」と思っているときが一番しんどいです。
嫌なことが始まったときには「もう終わったようなもんだ」と思えれば、
心が少しは軽くなります。
もうゴールに向かうだけですからね。

始まっていないと、終わらない

02

心のダメージを最小限にする方法

やり過ごせれば、もはや勝ち。うまくやる必要なんてない。

迷ったときは「切り抜けよう」「やり過ごそう」でいい

「クレーマーからの電話をとってしまった」
「謝罪をしなくてはいけない」
こんなときは、
「とりあえず、やり過ごそう」と思ってください。
嫌なことやつらいことに対してうまくやる必要は全くありません。
「ひとまず着地したな……」と思えれば十分です。
もし謝罪するときは、まず「話の着地点」を探しましょう。
そして、「どこに落とし込むか？」を考えながら話していきましょう。
ひたすら謝罪するだけでは
相手がエスカレートして状況が悪化することもありえます。
被害を最小にしながら、切り抜けることを意識すれば、
あなたの心のダメージが少なくなりますよ。

03

戦闘シミュレーション、していませんか？

目の前にいない人と、
頭の中で喧嘩の
妄想が始まったら、
疲れている証拠です。

疲れていると目の前にいない人と喧嘩しがちになります。

例えば、職場の先輩に「わからないことがあったら気軽に聞いてね」と言われたから聞いてみたら、「そのぐらい自分で考えなよ」と怒られた……なんてとき。

帰り道にそのシーンを想像して、戦闘シミュレーションをしてしまったら、疲れている証拠です。


妄想の中で嫌いな先輩を論破しても疲れるだけですし、何も状況は好転しません。

こういうときは「疲れているな……」と自覚して身体を休めましょう。

美味しいものを食べて、早く寝る

04

人前でしゃべるときのコツ

緊張したら、「大丈夫、失敗しても死なない」と考えてみよう。

大切なことを3つだけ話せればヨシとする

みんなの前に立って発表するときや、転職面接のときに緊張してしまうのは人間の本能です。

あなただけの問題ではありません。

私は自衛隊時代に訓練で手榴弾を投げたときに「これは失敗したら死ぬな……」と、ダイレクトに死を意識しましたが、**あなたが生きている一般社会ではミスしても死ぬことはないので大丈夫です。**

あらかじめ「緊張するだろうな」とわかっている場合なら、まずは、「本当に大切なこと3つ」だけを意識して、何回も練習しましょう。

伝えたいことを伝えられれば問題ありません。

緊張したら、とりあえず大きく呼吸をして、心を落ち着かせましょう。

05

友人の人生と自分の人生を比較しない

暇になると
ろくなことがない。
何かに集中しないと、
心のモヤモヤは
消えません。

暇になると、嫌なやつになる。
自分ができることをいつも探そう

仕事を辞めたくなるのは、忙しいときだけではありません。
暇なときも不思議と辞めたくなります。
陸上自衛隊では「考える時間があるとよくない」という言葉があります。
これは、訓練と訓練の間に暇になると
「自分は何をしているのだろうか」
「社会の役に立っていない」
などと考えて、モヤモヤする現象を指しています。
そして、自分の友人やＳＮＳでキラキラしている誰かを見て、
「仕事を辞めたいな……」と思うようになります。
もし、他人とばかり比較してしまうようなら、
自分がいま暇かどうかを確認してみてください。

06

「自分はダメな奴」って、それ本当？

人間は愚かです。
だから、あなたも
愚かで仕方ない。

みんなダメだから、あなたがダメでも問題なし

「自分はダメだ……」と思っても、ご安心ください。

そもそも人間という存在が情けなくて、弱い存在です。

だからあなたがダメでも仕方がないです。

家族や財産を捨てて出家し、聖人や高僧を目指しているのならともかく、**俗世で普通に生きていたらダメなのが普通です。**

だから、自分はダメだと思う必要はありません。

ただ、

「使ってはいけないお金でギャンブルした」

「お酒を飲みすぎて朝に起きられない」

というレベルの人は、ちょっとは反省したほうがいいですね。

07

この方法で、「つい後回しグセ」がなくなる！

悩みすぎる前に
手を動かしてください。
悩んでいると
それだけで疲れます。

なかなか仕事が進まないときは、
「まずは……じっくり考えてからやろう」と思いがちですが、
これをやると時間だけが経過して、
「何から始めればいいかわからない」とドツボにハマります。

そうして後回しにすると、さらに腰が重くなり
ギリギリになってようやく手を付けて、最低の成果物が完成します。
これは「夏休みの宿題」に似ています。
少しでも手をつけていれば、「何がわからないのか」がわかるので
調べるなり人に相談するなりして
何もしないよりも確実に進捗がよくなります。
とりあえず、手を動かしてください。

放置すればするほど、重く心にのしかかる

08

パニックになったときこそ、周りを見渡す

ミス連発で
絶望しそうになったら
すぐさま
被害状況を確認！

小さなミスと大きなミスは必ず分けて考えよう

仕事でやらかして落ち込んだときや、
「自分はミスばかりしてダメな奴だ……」と悲しくなったときは、
被害状況を確認してみましょう。

失敗をして落ち込んでいる人は、

「自分の失敗で、世界が悪くなっているか」

「自分の失敗で、誰かが死んだり怪我をしたりしているか」

を確認してください。

「人生が露頭に迷うほどの大損失が出たか」も確かめてください。

もし、これらの項目に該当しない場合は、
あなたのミスはたいしたことがありませんよ。

09

25歳からが人生の本番

20代後半から30代前半はクオーターライフ・クライシス。みんな人生を後悔し始めます。

クオーターライフ・クライシスとは、人生について思い悩み、幸福感が低迷する時期のこと。

学歴や仕事の内容、パートナーとの状況を見て「自分の人生はこうではなかった」と悩むようになります。

同年代がキラキラと活躍している姿をテレビで見ると、落ち込むこともあるかもしれません。

ただ、「一度しかない人生を……もう取り戻せない……」なんてがっかりする必要はありません。

これはあなただけの問題ではなく、世の中の人は大抵そうだからです。

私も後悔ばかりで救いようもありませんが、過去のことは全て夢です。

今を生きていくしかありません。

多かれ少なかれ、みんな人生に後悔している

10

アドバイスには心のバリアを

上から目線で嫌なことを
言われたときは、
その人が、
「自分がなりたい人か？」
を確認しよう。

つまらない人生を生きている人ほど、つまらない意見を押し付ける

何気ない一言が心に重くのしかかることがあります。

「どうして結婚をしないの？」「そんな収入でいいの？」「その仕事じゃ先はないね」こんな上から目線のアドバイスをされたときは、

「それを自分に言ってきた人のようになりたいか」を確認してください。

自分がなりたい人の意見なら真摯に受け止めればいいですし、なりたくない人の意見ならスルーしましょう。

なりたくない人の意見を聞くと、自分の理想の人生からかけ離れていきます。

「私はあなたみたいになりたくない」と、心にバリアを張ってスルーしましょう。

11

人生の審判になってはいけない

自分で自分のことをジャッジせず、最後までやろう。

自分の人生を審判したら、いつも判定負けになってしまう

「自分はどうしてダメなんだ……」

「こんな仕事では話にならない」

こんなふうに思ったときは要注意。

自分で自分のことを判断しています。

こうなると、途中で仕事を投げ出したくなってしまいます。

でも、アウトかセーフかはあなたが考えることではなく、あなたの周りの人たちが考えることです。


自分ではダメだと思っても、周りから想像以上に評価され、「とてもよかった」と言われることもありますよ。

12

迷ったら、身体の声を聞く

決断するときは「どっちのほうが健康にいいか」で決めよう。

健康に悪いことは続かない

「転職して失敗したらどうしよう……」

「いまの会社で働くのがつらすぎるからやめたい……」

こんなふうに、決断に悩むことは人生でたくさんあります。

でも安心してください。

あなたが健康に生きていれば、大抵のことはなんとかなりますし、想像以上にうまくいくこともあります。

もし悪いことがあっても、健康なら乗り越えることができます。

もし、決断に悩んだら、

「どっちのほうが健康にいいか」と考えてみてください。

転職したほうが早く自宅に帰ることができ、将来的に健康になれそうなら、それが正解です。

13

先回りして考えすぎない

誰かに注意をされたら
真摯に聞こう。
反省会は、そこから
スタートで十分です。

一人反省会はほどほどに

「あんなことを言わなければよかった……」

「もっと笑顔で接しておけばよかった……」

といった一人反省会は、ほどほどにしてください。

誰も怒っていないなら、あなたはちゃんとうまく振る舞えています。

いつまでも過ぎ去ったことを考えていても仕方ありません。

私もよくお酒を飲みすぎて、大はしゃぎをし、翌朝に「もっとおとなしくしておけばよかった……」と思いますが、1週間後にはまたお酒を飲んで大はしゃぎします。

そして翌朝に後悔します。

でも最近は、「まあこんな日もあるか」と思って心を保っています。

別に怒られてはないですしね。

14

すんなり「自己肯定感」を高める方法

まずは、ダメな自分を認めることから。

「ダメなりに頑張っている」と思えば、自己肯定感も自然と上がる

自己肯定感は他人と比較すると育ちません。
「自分はこの同期よりもできている！」と思うのは優越感に過ぎず、
「自分はこの人には絶対に勝てない……」と思うのは劣等感だからです。
あなたが他人と比べる限りは、
どんなに努力をしても自分の足りないところに目を向けることになり、
逆にダメージを受けることとさえあります。
私も自衛隊時代に超優秀な同期や、筋肉マッチョの同期と比較して、
いつも劣等感しかありませんでした。
他人と比較するのはやめて、自分のレベルや能力が低いことを認めましょう。
そうした上で、「レベルが低い自分が頑張っている」
「出来ない中でも、よくここまで来たな」と自分のことを褒めましょう。
ダメな人間の凄みを、みんなに見せつけてやりましょう。

column

1

あえて「幸せレベル」を下げてみる

慌ただしい日常生活の中で「本当の幸せとはなんだろう?」と考えることは誰しもがあると思いますが、私は**「幸せとは退屈な日常の中にある」**ということを、陸上自衛隊の厳しい訓練で学びました。

陸自では有事に備えた演習をよく行いますが、その演習は正直かなりハードです。まず、陸上自衛隊の演習期間中はほぼ不眠不休のことが多く、睡眠時間などを削って、数日間~数週間にわたって活動をします。

30℃を超える炎天下や、マイナス20℃の吹雪の中など、散歩するだけでもしんどくなるような気候でも、「今日は天気が悪いから休み」なんてことは原則としてありません。

だからこそ、訓練が終了し、ぼろぼろになって隊舎に帰ると、**全てのものに美しさを感じる**ことができます。

石鹸で手を洗うだけで「官能的で清らかな香りだ……」という感想を覚え、蛇口から出る清潔な水に頬が緩んでしまいます。

このような現象を私の仲間内では**「幸せレベルを下げる」**と表現しています。

「幸せレベル」というのは、幸せの感受性を指します。

幸せレベルが高ければ1万円をもらっても嬉しさを感じませんし、低ければチョコレートの一欠片でも大喜びします。**演習後は原始人並みに幸せレベルが下がっているので、どんなものにも感動します。**

しかし、残念ながらこの幸せは長くは続きません。

なぜなら、幸せにはすぐに慣れてしまい、自分が幸せだったことを忘れてしまうからです。1週間もすれば何もかもが満ち足りている世界が**「退屈な日常」**になり、もっと良い環境を求めるようになります。

ですから、もし、あなたが「毎日退屈だな」と感じてしまったら、幸せレベルを少し下げてみることをおすすめします。

幸せレベルを下げるための簡単な方法は、**あえて過酷な環境に身を置く**ことです。サウナで修行をするのもいいですし、ハイキングに行くのもいいでしょう。サウナから出た後のビールは格別ですし、山で食べるおにぎりも最高に美味しいものです。

たまには「幸せを探す」のではなく、幸せレベルを下げて、「目の前にある幸せに気づく」のもいいでしょう。

第2章

「失敗ばかりで自己嫌悪」がなくなる！
火曜日の言葉

自分のミスで誰か死んだわけじゃないなら、大丈夫

15

「つまらない人生」から抜け出すには

人生は勝てないことばかり。
野球選手も3割ヒット
打てれば優秀選手。
もしかして10割打者を
目指していませんか？

人生は残念ながらほぼ負けます。

勉強でも、仕事でも、恋愛でも、競争するかぎり、敗北は避けられません。

たとえあなたの能力が高くなったとしても、環境が変われば周りのレベルも高くなるので結局は敗北します。

勝てないことが当たり前なのに「できないのはダメだ……」と思っていたら、人生がつまらなくなります。


では勝利はどこに求めるかというと「自分との闘い」です。

自分の挫けそうな弱い心に勝てば勝利です。

眠くてお布団から出たくなくても、出社していれば大勝利です。

家に帰ってお風呂に入ってハーゲンダッツを食べれば優勝です。

嫌なことに立ち向かった自分を褒めれば、それでいい

16

気遣いをやめてみる

つらいときは心の
スイッチをオフにして、
ロボットのように
対応しよう。

自衛隊の任務は厳しく、時には普通の人には耐えられないような地獄に直面することがあります。

私は、そうしたときに対応するために

「つらいときは心のスイッチをオフにしろ」と教官から教わりました。

生きているとつらい・悲しい・苦しいという感情が湧いてくることもありますが、そういうときはロボットのように感情をなくして対応すると気が楽になります。

全てのことをまともに受け入れていたら、身が持ちません。

不条理なクレームに対応するときや、悲しいニュースをみたときも、あえて心のスイッチをオフにしてください。

全てのことに寄り添うと、耐えられなくなりますよ。

つらいときは感受性を下げる

17

人の目が気になるときの合言葉

「どうせ誰も自分を見てない」
と思ってみましょう。
そうすれば
心が強くなりますよ。

あなたの成功も失敗も性格も見た目も、
実はあなたが思っている以上に他の人は興味がありません。
理由は自分のことで精一杯だからです。
みんな「仕事のノルマ」「欲しい洋服」「晩御飯のおかず」などで
頭がいっぱいです。
あなたに対して、いちいち指摘してくる人は暇な人ぐらいです。
私もずっと自分のことを気にしていましたが、小さなことに気を取られ、
「こう見られたらどうしよう」「こう思われたらどうしよう」と考えると、
それだけですり減るのでやめました。
心のＨＰゲージの無駄な消耗を防ぐためにも
気にしすぎる人は「どうせ誰も自分を見てない」と念じてみましょう。
それだけで少しは強くなれますよ。

多少は鈍いほうが生きやすい

大丈夫。
時が全てを解決します。

ジタバタせず、「時の流れが解決する」と信じる

大好きだったパートナーに一方的に振られてしまった……。

仕事をなかなか覚えることができなくて苦労している……。

そうしたときはつらいことが永遠に続くように思えます。

ただ、どんなにつらいことも、時が経過すれば問題はほぼ解決します。

これは、陸上自衛官がよく使う言葉です。

今がどんなにしんどくて、もうダメだ……と思っていても、時間が経てば自然と解決の方向に向かうことがあります。

嫌なことや悲しいことも、全ては過去になり、自分なりの答えを、きっと出せるようになります。

19

「恥ずかしい記憶」との付き合い方

あなたに恥ずかしい
黒歴史があるのは、
あなたが成長
しているからです。

思い出したくもない恥ずかしい自分の過去を「黒歴史」と言います。
その内容は人それぞれだと思いますが、私にもたくさん経験があります。

毎日SNSに恥ずかしいポエムを書いて投稿し、
異性に謎の告白をしてドン引きされ、
お酒を飲みすぎて、寝過ごして遥か遠くの駅に行き、
翌日の出勤に遅刻をするなど、
この本1冊では足りないエピソードばかりです。
でも、これらを思い出すたびに「黒歴史だ！」と顔を真っ赤にできるのは、
自分が成長しているからだと思います。
成長した今があるから、過去の自分を恥ずかしいと感じるのです。
黒歴史を思い出したら、「自分は成長したなぁ」と感慨に浸りましょう。

いたたまれない記憶の分だけ、あなたは強くなっている

20

この口癖で、ピンチを乗り切る

ピンチになったら「面白くなってきやがったな」と言ってみる。

嫌なことがあったら「しびれるねえ」も有効です

仕事をしているときに
「これはもうやばいかも……」「もうダメだ……」

と不安な気持ちでいっぱいになったら、

「面白くなってきやがったな」と言ってみましょう。

これも自衛隊時代に教わったポジティブワードです。


不安なときは心にエンジンがかかっているので、ポジティブなことを言うと前に進めます。

ピンチを乗り切るためにも口癖を工夫してみましょう。

「ここからが本番だ」「ワクワクしてきたなぁ」でもなんでもOKです。

少し口癖を変えるだけで、目の前のことを乗り越えられますよ。

21

後悔しないためにできること

疲れたときは
決断をしないでください。
その決断は
後悔につながります。

やめたい、やめたいと思うのは、疲れているだけかもよ

疲れてくると中途半端な状況に耐えられなくなり、
「もう会社に迷惑をかけるぐらいなら辞める！」
と、極端な判断をしがちになります。
一方でそうした状況で判断をしても、
あとあと後悔ばかりが残ってしまいます。
だから、疲れてイライラしたときは判断を保留してください。
疲労困憊でも判断をしなくてはいけないのは、
命に関わるような緊急事態だけです。
平時で判断する必要は全くありません。
まずは一呼吸を置いて、気持ちを落ち着かせてから判断してくださいね。

22

「やらかした！」ときはこう切り替える

失敗したら、「不幸中の幸い」を探しましょう。

「このぐらいで済んでよかったね」と思える心が大切

大きな失敗をしても
「損失は出ていない」「誰も傷ついていない」「許してもらった」など、
「思ったより悪くはなかったな」と思えることはきっとあるはずです。
自分の失敗は大きく見えるものですが、
周りから見れば、「たいしたことはない」ということもたくさんあります。
私も会社員時代にクレーム対応で怒られた後は、
「まあ誰も死んでないからいいかな」と気持ちを切り替えていました。
自分のミスでオフィスが大爆発したならともかく、
ほとんどの失敗は気にすることないですよ。

23

「効率よく仕事」なんて目指さない

自分で「終わり！」と思わないと、仕事は永遠に終わらない。

残業が多く、なかなか家に帰れない。
やることが次から次に来て、仕事が終わらない。
そんなときに
「自分の仕事が遅いから悪い」「効率化して終わらせよう」
とあまり思わないでください。
仕事は永遠に終わることはないからです。
効率化をして、仕事を早くやれば、
その空いた時間のぶんだけ仕事が割り振られ、
あなたの仕事は増えていきます。
効率化をするよりも、大切なところをしっかり見極めて、
「今日はここまで」と切り上げて帰る勇気も必要です。
そう思わないとあなたはお家に帰れませんよ。

仕事を終わらせるには、あなたの意思が大切です

24

後輩を指導するときは「女優スイッチ」オン

役職を演じることで
成長ができる！

本当は人にあれこれ言いたくないのに、
仕事でリーダーに抜擢されたり、後輩指導を任されたりすることもありますよね。
自衛隊時代に学んだことですが、
人前に立って指示をするときは、素の自分を捨てて、
その役を演じてください。
「これはそういう役割だから」と割り切れば、
気持ちがぐっと楽になりますし、自然とスキルが伸びて成長できます。

「向いていない」と思った仕事は、演技だと思って乗り切る

25

「営業職がしんどい」あなたへ

営業職がつらくなったら、「期間限定の修行」だと思おう。

営業職は、次のステップの準備になる

営業職は数字のプレッシャーが強く、新規営業で断られることや、クレーム対応など「嫌だなぁ」と思うことが多いものです。

ただ、**営業職を経験しておくと世の中の流れがよく見えますし、社会人としてのマナーも身に付きます。**


それでもどうしても嫌だったら、「今は修行」と思いましょう。

ずっと続ける必要なんてありません。

私の周りにも「元営業」で今は違う業種の人が多くいますが、「営業職はいい経験だったけど、もうやりたくない」と言う人ばかりです。

商談がうまくいかずに失敗ばかりでも、「今は期間限定の修行だから」と思って、経験にしていきましょう。

26

「電話が苦手」がなくなる！

電話が怖いのは
人間の本能です。
みんな最初はビビります。

電話は慣れれば怖くない。慣れないと一生怖いです

「会社で電話を取るのが怖い」と思うのは、あなただけではありません。
実はみんな最初はビビってます。私もめちゃくちゃビビってました。
顔も見えない人と、いきなり受話器越しで会話をするなんて、クレイジーです。
でも、今は慣れました。
理由は「電話は怖くない」と気付いたからです。
会社にかかってくる電話は、ほぼ似たような内容です。
脊髄反射のように「お世話になっています」と言って、要件を聞けばいいだけです。
怒り狂った電話なんて滅多に来ませんし、
今は苦手でも、必ず慣れる日がきます。
安心してくださいね。

27

「話せばわかる」は幻？

話し合っても
分かり合えない人たちは、
世の中に結構います。

何も知らないのに「そんなのはダメだよ」と断言する人、感情的になって謝罪することばかりを求めてくる人、何回話しても振り出しに戻ってしまう人。

学校の授業では「話し合えばわかる」と言いますが、話し合うと揉めるような人たちも一定数います。

話し合いに必要なのは「共通のゴール」であり、「落とし所」です。相手が感情的であればあるほど、落とし所を探すのが難しくなります。最初から揉めることが目的の人がいることも、理解したほうがいいでしょう。

どうしても話し合う必要があれば根気強くやったほうがいいですが、着地点が見えない場合は即座に切り上げましょう。

日本語は通じるが、話が通じない人たちもいる

28

やりたいことの見つけ方

本当にやりたいことは、
新しい人に会うと
見つかります。

やりたいことは、インターネットの検索では見つからない

なかなかやりたいことが見つからず、
「人生ずっとこのままかも……」と思ったときは、
新しい人に会う工夫をしましょう。
新しい人と出会って「こういう生き方もいいね！」と思うと、
世界が広がり、やりたいことが自然と見つかっていきます。
まずは自分が知らない価値観に触れることから、始めていきましょう。
一番のおすすめは、「会いたいな」と思う人に手紙を書くことです。
「自分なんかに会ってくれないだろう……」と思うような人でも、
手紙を書くと会ってくれることもあります。
同じような日々を繰り返し、いつも同じような人と会っても、
世界が狭くなり、本当にやりたいことはなかなか見つかりませんよ。

column

2

「もう仕方ないよね」と自分を受け入れる

世の中には「自己肯定感が大切！」といった情報があふれています。皆さんの中にも、実際にこういった本を手に取ったことがある方も多いと思います。

私も幼い時から自己肯定感が低く、大人になってからは「自己肯定感向上マニア」としてあらゆる本を読み、実践をしてきました。

筋トレやランニングはもちろんのこと、日記をつけたり、幸せを感じたことを数えたり、本で書かれていることを片っ端から試してきました。

しかし、そうして私がたどり着いた結論は、**「自己肯定感」なんてものはそうそう上がらない**ということでした。

もちろん、運動をしたり日記をつけたりすると、一時的には自己肯定感が向上します。

でも、永続することは私の経験上ではありませんでした。**まるでビールで酔っぱらったときのように、時間が経つとシラフに戻ってしまう**のです。

私の持論ですが、自己肯定感が高い人たちは小学生ぐらいのときからすでに高く、ハッピーな感じで生きています。そんな彼らの真似をして、大人になってからいきなり「自己肯定感を高めよう！」と思っても、もはや手遅れだと思います。

では、私のように自己肯定感が低い人間は、どのように生きればいいのかというと……**「自己受容を大切にすべき」**だと私は考えています。

自己受容とは自分のコンプレックスや苦手なことを認めて、**「ダメな自分だけど**

好き」という考え方です。

テンションが低くても、人に嫌われても、すぐに緊張しても「もう仕方ないよね」と思って生きていくことです。無理にダメなところを克服しようとせず、そのままでいると気が楽になることもあります。

私は自己肯定感を上げることを諦め、ダメな自分と寄り添うことを決めたときに、不思議と心が軽くなり、少し救われた気分になりました。

結局のところ、「ハッピーになろう！」「自己肯定感を上げよう」という言葉ばかりを意識して行動するよりも、**様々なことを諦め、「もう仕方がない」と思ったほうが、自分を好きになれる**のです。

「立派な人間になる」を人生のメインテーマに掲げるのもいいですが、「ダメな自分を好きになる」というサブテーマもちゃんと大切にしてくださいね。

第3章

「つらい人間関係」がなくなる!
水曜日の言葉

「好かれること」と「嫌われること」はセットです

29

「価値観のズレ」は別れの合図

あなたから去った人を
追わなくても、
新しい人はやってきます。
「さようなら」と言えば
十分です。

悲しい別れの後は、新しい出会いに期待

最初は仲が良くて飲みに行ったり、遊びに行ったりしていたのに、
時間の経過とともに
「なんとなくお互いに気が合わない」「性格が合わない」
といった理由で、あなたから去っていく人がいます。
そうしたときに
「自分が悪かったからだ……」と、必要以上に自分を責めないでください。
そもそも気が合わないのに、ずっと一緒にいても仕方がありません。
世の中にはまだ出会ってもいない人たちがたくさんいます。
喧嘩ばかりの人や気が合わない人とはそれっきりで十分です。
去った人を追わなくても違う人がやってきて、あなたの心の穴を埋めます。
新しい人たちと楽しくやりましょう。

30
批判される人ほどレベルが高い

批判をするよりも、
批判をされるほうが
１００倍いい。

人生がうまくいっているときに、必ず出会うのが嫉妬からの批判です。
この批判はあなたを「レベルダウン」させようとする恐怖の呪文であり、
あなたが目立てば目立つほど、その声は大きくなっていきます。
あなたが間違ったことをしていなくても、
「お前は間違っている！」と批判されて悲しくなりますが、
あなたはそれだけ羨ましい存在で、嫉妬される存在だから批判を受けるのです。

少し考えてみてください。
あなたが大谷翔平を批判することがあっても、
大谷翔平はあなたを批判することはありません。
彼にとって、あなたはどうでもいい存在だからです。
「批判される人ほどレベルが高い」と覚えておきましょう。

誰かをバカにしているのは、つまらない人ばかり

31

つい「正論」を振りかざしていませんか？

自分にかける言葉と人にかける言葉は違う。

他人にかける言葉は「いつでも話聞くからね」が最高

「自分の機嫌は自分でとる」「つらいときこそ笑顔」
こういった言葉は自分に言う言葉であって、
相手に対して言うのは逆効果です。
「なんで、腹が立つことをわざわざ言うんだよ」と、喧嘩になることさえあります。

世の中でよく使われる励ましの言葉であっても、
「それは他人に言っても大丈夫なのか？」と、一度考えてみてください。

もし上司や同僚がそんなことを言ってきたら、
「わかってないなぁ〜」と無視してみてください。
疲れているときに、ありふれた名言なんて聞きたくないですからね。

32

「100%の人気者」なんて存在しない

みんなと仲良く
なるのは不可能です。
「好かれること」と
「嫌われること」は
セットです。

人間関係2対6対2の法則によると、
あなたの周りにいる人のうち、
2割がいつもあなたを好きでいてくれる人、6割は行動によって判断を変える人、2割はいつも嫌ってくる人と言われています。
つまり、「誰からも好かれる」というのは不可能なのです。
例えば、毎朝誰よりも早く出社し、ニコニコして優しい言葉をかけ、仕事の成果も出したとしましょう。
するとどうなるでしょうか。
「誰にでも好かれようとする態度に腹が立つ」という人たちから、あなたは必ず嫌われます。
みんなから嫌われないように生きるよりも、
自分にとって大事な人たちのために頑張ったほうが良さそうですね。

嫌われても「この人たちは2割に過ぎない」とやり過ごしましょう

33

職場にいる「話しかけにくい人」の正体

その人は
悪い人じゃないです。
クセが強いだけです。

良い人か、悪い人かは、時間をかけて見極めよう

初対面で「うわ〜、この人はクセが強いなぁ」と思ったときは、まず「悪い人かどうかを見極める」というアクションをとってください。

「クセが強い」＝「嫌な人」と思いがちですが、自分と価値観が違うだけの可能性があります。

いつもしかめ面のマッチョで髭が生えている人、とにかく早く作業を終わらせて帰ろうとする人、アメリカ人のように自分の領域以外はやらない人、必要以上に笑わない人など、いろんな人がいます。

ただ、相手が「悪気がない人」であれば、そういう人だなと思って接してみてください。

34

SNSは「スルー」が肝心

ネットにコメントする人は
みんな暇な人です。
変なコメントに
落ち込まないでください。

インターネットでひどいコメントをされても、落ち込む必要はありません。
そもそも、インターネットに書き込みをするのは暇な人です。
忙しい人はいちいち書き込みなんてしません。
特に、ひどいコメントをする人は、
あなたが相手にしなくていいぐらいの暇人です。
立派な人は変なコメントなんて書きません。

駅のホームで、
「みんな俺のことを馬鹿にしているだろ!」
と、日常の怒りをぶつけている酔っ払いのおじさんとやりとりするぐらい、
不毛です。

だから落ち込む必要なんてないですよ。

やばい人に出会ったらスルーしましょう。これは現実もネットも同じです

35

変な噂に振り回されない

できる限り、中立な立場をキープしよう。

誰かの味方になるのは、状況がわかってからで十分

世の中には変な噂や「何それ？」というニュースがたくさんあります。
しかし、本当のところはわからないことが多いです。
誰かが一方的に悪く言っていたり、情報が少なかったりと、
真実とは異なる話がたくさんあるからです。
私も防大や自衛隊にいるときに、
本当の実情とは異なるニュースや報道を目にして、
「世の中は適当だな」と思ったことが数多くあります。
特にSNSなどの話題は真実がわからず、
間違った主張がされている可能性が高いです。
もし変な噂を聞いて「本当かな？」と思ったときは、
どちらの立場にも立つ必要はありません。
まず中立な立場に立って物事を考えてみましょう。

36

「ギャフン！」と言わせたら負け

誰かと戦闘が
始まった時点で、
あなたは負けている。

小競り合いはできるだけ回避しよう

「いつも嫌味を言ってくる人に言い返したい」「理不尽な上司を論破したい」
こう思う気持ちはわかりますが、
残念ながら相手と揉めた時点であなたは負けています。
理由は状況が必ず悪化するからです。
相手を「ギャフン！」と言わせたところで、
その相手と親しい人は、あなたの敵に回る可能性が高いですし、
相手の恨みを買って変な噂が広がることさえありえます。
嫌な人たちと戦いたい気持ちはわかりますが、
「かわいそうな人たちだな……」と思ってスルーしたほうがよっぽど有効です。
戦うのは最後の最後の手段ですよ。

37

「悪いのは全部自分」なんてありえない

失敗したときは
こう思ってください。
「悪いのは自分
だけじゃない」と。

あなただけが悪いことはない

仕事で大きなミスをしたときや、
ふとした誤解で人間関係が悪くなったときは、
「自分が悪かった……」と全て自分のせいにしたくなりますが、
あなたが全て悪いわけなんてありません。
その場の人間関係・相手の気分・時の運などで結果は変わります。
あなた一人の失敗でミスが発生しているわけではありません。
私はよく海釣りをするのですが、それまで魚がたくさん釣れていても、
潮の流れが変わると全く釣れなくなります。
それと同様に、**ミスばかりのときは「潮目が悪い」と思ってみましょう。**
あなたが頑張ろうが、努力をしようが釣れないときは釣れないように、
そういうものだと思いましょう。

38

「嫌な人」を忘れる方法

今まで出会った嫌な人のことは、ゲームデータを上書きするように、忘れる。

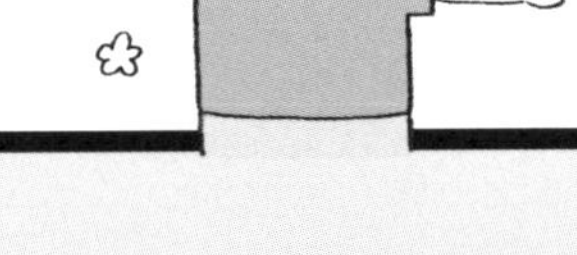

忘れてしまうと存在がゼロになり、あなたの人生に干渉することはありません

世の中には絶対に分かり合えない人たちや、
嫌がらせをしてくる人たちがいます。
その人たちを許せないのであれば、せめて忘れてください。
嫌な人たちのことを忘れる一番良い方法は、
前向きな人たちに出会うことです。
前向きな人たちと会話すると、
その人たちの印象が強くなって、
嫌な人の記憶が消えていきます。
ゲームデータを上書きするように、
新しい人に出会ってデータを上書きすることをおすすめします。

39

「飲み会帰りのモヤモヤ」を無視しない

昔からの友達が最高の友達ではない。

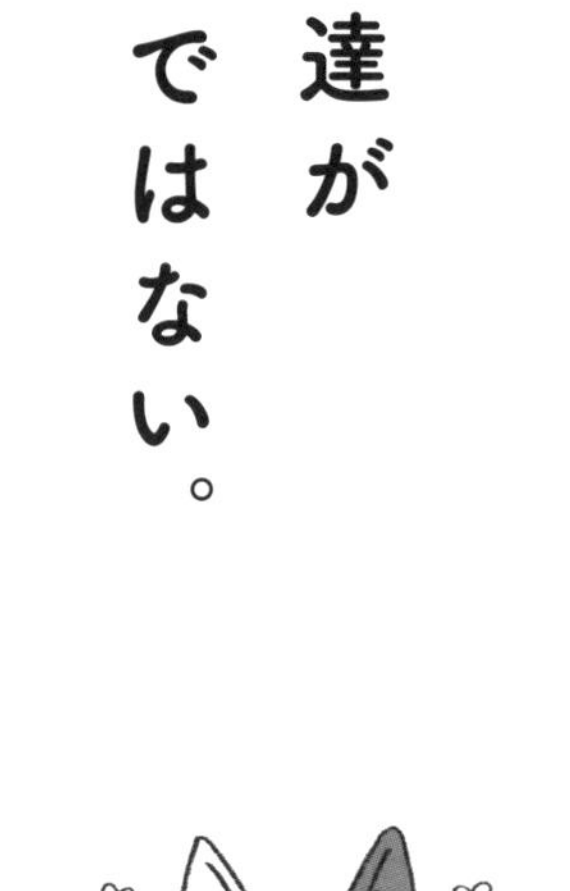

価値観は少しずつずれていくもの。さみしいけれど仕方がない

学生時代から付き合っている友人でも、
徐々に気が合わなくなることはあります。
それは「価値観」が少しずつずれていくからです。
時の流れで大きく価値観がずれてしまうと、
どんなに今まで仲が良くても、
一緒にいると居心地の悪さを感じます。
「結婚することはコスパが悪い」「サラリーマンは負け組だ」
などとマシンガンのように語り出したら要注意です。
とりあえず思い出話に話をそらして、その場から早く立ち去りましょう。
価値観が合わないなぁと感じる人と、無理に会う必要はないですよ。

40

時には、沈黙も大事

不幸自慢をしないこと。
不幸自慢をされたら、
肯定も否定もしないこと。

他人の不幸自慢ほど、聞いていてしんどいものはない

誰かに「つらいことがあった……」と相談されたら、
その人は「話を聞いて欲しいだけ」と思ってください。

「どちらか不幸なのか？」という不幸話のバトルをしたいわけではありません。

「自分の新人のほうがよっぽどしんどかった」

「自分の学生の頃のほうが今より大変だったよ」

などと言ってはいけません。

あなたはその人よりもつらい経験をしているかもしれませんが、
相手はただ大変だったことを聞いて欲しいだけです。

肯定も否定もいりません。

「美味しいものでも食べて寝てね」と言ってあげれば、十分ですよ。

41

「褒め上手」なんて目指さない

わざわざ褒めないと
いけない相手とは
付き合わない。

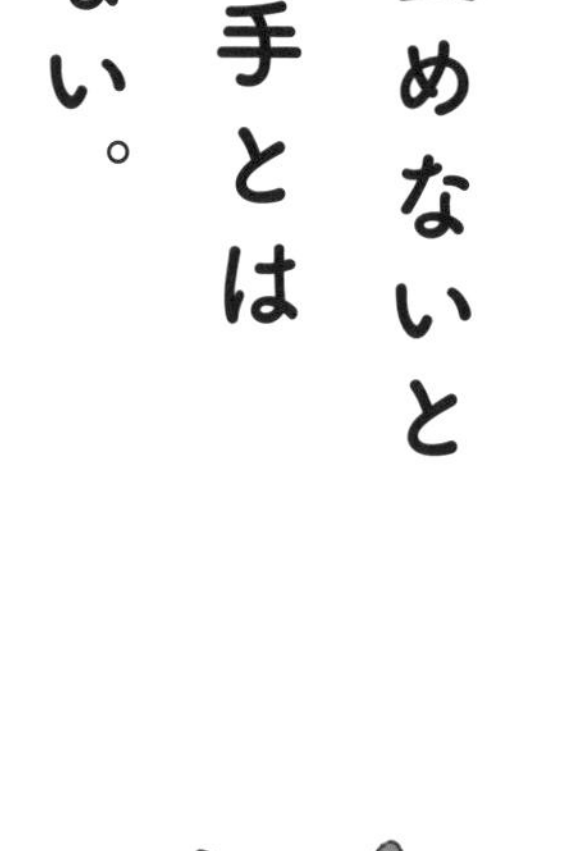

誰かに褒めて欲しいと思っている人に すごい人はいない

世の中には「褒めて欲しいオーラ」を全開にして、
あなたに接してくる人たちがいます。
「あのプロジェクトを任されて〜」「僕の出身校である国立大学は〜」
「この腕時計は高くて〜」「自分は著名人と知り合いで〜」
と立て板に水のように話す人がいます。
人脈・肩書き・学歴・仕事の成果を連発して、
「さあ、褒めてくれ！」と迫ってくるのです。
それでもあなたが「素晴らしい人だな」と思えれば付き合えばいいですし、
「うんざりするな……」と思うなら距離をとったほうがいいでしょう。
「すごいですね」とわざわざ言わないと成り立たない関係は、
ストレスなだけですよ。

42

説教されたらこう考える

「それ、アフリカのサバンナでも言えるの？」と、心の中で唱えてみよう。

上司に「ここで通用しなかったらどこでも通用しない」と言われたら、
「アフリカのサバンナでも言えるの？」
「ジャングルでもそれ言えるの？」
と心の中で唱えてください。
今の環境で活躍できなくても、
あなたが活躍できる場所は他にいくらでもあります。
「他では通用しない」なんて言葉をまともに受け取ってしまうと、
「ここで通用しない自分はダメだ……」と悩むようになり、
違う生き方を見つけにくくなります。
私もよく「自衛隊で通用しない奴はどこでも通用しない」と言われましたが、
この言葉は自衛隊しか知らない人の言葉だと、
私は退職してから気づきました。

適当な言葉を重く受け取らない

column

3

期待を捨てると、うまくいく!?

私が自衛隊で学んだことの一つに**「期待を持たない」**ということがあります。

人生は期待をすればするほど、現実とのギャップが生まれ、失望感に変わっていくからです。このことに気が付かないと、ひたすら失望感だけを覚えてしまうので要注意です。

ここで自衛隊に入隊する人たちを例として「どうして期待を持たないほうがいいのか」を説明しましょう。

まず、自衛隊に入隊する人たちは大きく2パターンに分けることができます。

パターン❶ 鼻息荒く、夢と希望に溢れた人たち

このパターンの人たちは**「自分は愛国者で国を守りたい！」**と熱い思いを持ってやってきます。彼らは学生時代から自分のやりたいことがわかっている「立派」な人たちです。

パターン❷ なんとなく自衛隊にやってくる人たち

このパターンの人たちは**「なんとなく面白そうだから」**という「けしからん」志望動機で自衛隊にやってきます（お金を貯める目的で入隊する人も結構います）。

ご想像の通り、自衛隊は上下関係が厳しく、訓練も肉体的・精神的に追い込まれるものが多いです。日常生活においても制限が多いので一般の職業以上にストレスフルな一面があります。

すると、①のモチベーションが高い人たちが残り、②の人たちはすぐに辞めてし

まうのでは？　と思われるかもしれませんが、実は一概にはそうとは言えません。
意識が高い人たちが、入隊して3日ぐらいで「ここではやっていけない……」と退職するケースも珍しくなく、**なんとなく入隊した人のほうが馴染んでいる**こともよくあります。

なぜ、このような現象が生まれてしまうのかというと、冒頭にも説明したように、**自分が求めているものと、現実のギャップに耐えられなくなるから**です。

この話は自衛隊のみならず、他の職業にも共通します。期待を持てば持つほど「こんなはずじゃなかった！」と失望することだらけになります。

合コンに「理想の人に出会えるはず！」とワクワクして行くと、たいていがっかりする結果に終わる、というようなものです。

ゴッホは「美しい景色を探すな、景色の中に美しいものを見つけるんだ」という言葉を残していますが、日常においても似たようなものかもしれませんね。

第4章

イライラ・疲労感がなくなる！
木曜日の言葉

調子が出ないときは「天気」を確認！

43

「寝落ち」が危険な理由

布団に入って数分で寝てしまうときは人生のレッドゾーン。

限界ギリギリは、限界を少し超えています

毎朝6時前に起きて、満員電車にゆられ、
ランチに出掛ける暇もなく、自分のデスクで食べ、
ドタバタと1日が過ぎて、家に帰るのは10時過ぎ。
クタクタに疲れ果て、布団に入って数分で気絶するように眠りに落ちる。
こんな状態のときは気をつけてください。
睡眠不足で疲れが溜まっている可能性があります。
目が回るぐらい毎日が忙しくて、すぐに眠ってしまう人は、
限界に近いところにいる可能性があります。
猛烈に働くことに意味を感じているなら問題ないですが、
そうでない場合は生活を見つめ直してくださいね。

44

「原因不明のだるさ」に悩んでいるあなたへ

調子が出ないときは、
今日の天気を
確認してみよう。

天気が悪いときは気分が乗らないもの

「よく寝て、よく食べているはずなのに調子が出ない……」と悩んだときは、天気を確認してみましょう。

人間も動物なので、天気に気持ちや気分を左右されます。

雨が降っている、曇っている、寒い、低気圧、寒暖差が激しいなどのときは、おそらくバイオリズムが狂っています。

空調の効いた建物にいても、本能的に気分が晴れないことがあります。

私も、曇っていて寒い日や低気圧の日は本当に死にそうな気分になりますし、あなたと同じ気分の人は、きっとたくさんいます。

「今日はそういう日だ」と割り切って、早く帰って熱いお風呂に入りましょう。ゆっくりと身体をケアして、明日から頑張りましょう。

45

ストレスケアは「4秒」がカギ

身体のブレーキは
深呼吸です。
ゆっくり息を吸って、
吐いてみましょう。

ストレスを感じると、身体が闘いに備えて、呼吸や脈が早くなり、出血を抑えるために血流が悪くなって、身体が冷えます。

さらに食欲がなくなってイライラし、
これが続くとパニックになって逃げ出したくなります。

でも安心してください。

これはライオンなどの猛獣と戦うための準備であり、
誰しもが持っている本能です。

ライオンを目の前にしても、食欲が旺盛な人はライオンに食べられます。

パニックになったら「４秒息を吸って、４秒息を止める、４秒息を吐く」を繰り返してください。そうすると自律神経にブレーキがかかって落ち着きます。

ストレスを感じたときこそ、呼吸を意識してください。

感情はコントロールできないが、呼吸はコントロールできる

46

寒いときは何をやってもダメ

とりあえず、暖かくして考えてみよう。

足先が冷えている人は、幸せになりづらい

寒い季節はどうしても気持ちが暗くなります。
人は体温を奪われると、身体の機能が停止して死んでしまうからです。
つまり、「寒い」ということは、身体に対する危機であり、
生き延びるために、不安を感じやすくなっているのです。

さらに空腹だと、「このままでは死ぬ！」と身体が感じて、
不安な気持ちでいっぱいになります。
寒いときは必要以上に悩んで「もうダメだ……」となります。
それを避けるためにも、
とりあえず、暖かくしてから考えましょう。
温かいお茶を飲みましょう。

47

悩みのループから抜け出すコツ

同じところで
悩むのはやめましょう。
違うところで
悩んでみよう。

場所を変えれば答えは変わる

同じところで悩み続けても、出る答えはほぼ同じです。
職場の机でずっと考えても、
布団の中でスマホを見ながら考えても、
答えはそんなに変わりません。

どうせなら、違うところで数回に分けて考えてみましょう。
悩む時間ではなく、悩む回数を増やすのがコツです。
お気に入りのカフェ、本屋、公園、スーパー銭湯、森の中など、
いろんなところで考えてみましょう。
家や職場で悩むよりもポジティブに気持ちが変わり、
答えが変わることだってありますよ。

48

イライラしたときこそ、立ち止まる

疲れてくると
性格が悪くなる。
これを覚えておくだけで、
少し人に優しくなれますよ。

疲れが溜まると嫌なやつになりやすい

陸上自衛隊では、不眠不休で行動することがあります。

土砂降りの中で行動し、泥まみれになることもあります。

そうして日数が経ち、疲れが溜まってくると、
どんなに優しい人でも、露骨にイライラし、口調が荒れるようになります。

これは自衛隊の訓練だけではなく、会社のオフィスでも同様です。

「ハンコを押す位置がずれている！」

「書類の渡し方が雑！」

「オフィスの電話に自分しか出ない！」

こういった、どうでもいいことに怒りを感じ、どんどん疲弊します。

そして、「この職場はろくな人がいない！」と人間不信になります。

ただ周りの人が悪いのではなく、あなたが疲れているだけの可能性があります。

49

自己評価は激甘がちょうどいい

自分で自分を
褒めないと、
誰も褒めてくれない。

誰かに褒められる前に、自分を褒めてみよう

大人になるとびっくりするぐらい褒められません。
あなたがおしゃれをしようが、
仕事で多少成果をだそうが、
びっくりするぐらい褒めてもらえません。
でも、安心してください。それが普通です。
私はあまりにも褒められないので、自分で自分を褒めようと決めています。
評価が激甘なので「納税していて偉い」と思うときもあります。
自分を褒めるきっかけはそんなもんで十分です。
あなたも、小さなことでも「よくやった」と褒める癖をつけてみましょう。
この褒める癖があると、しんどいときを乗り越えられます。

50

「怒りっぽい自分」を変えたいあなたへ

6秒間数えても
イライラするときは
イライラします。

怒りを感じたときは「６秒数えて怒りを抑える」という手法があります。

これをカウンティングといいます。

ただ、あくまで「ブチギレをしない」というだけであって、6秒数えてもイライラします。

６秒数えて「全てを許しましょう」と怒りが消えるのは、聖人か武術の達人ぐらいです。凡人には不可能です。

怒りを感じたら、その場から離れて、冷たいお茶をゆっくり飲みましょう。

そうすると気持ちが落ち着きます。
どうしてもイライラするときは疲れています

51

一瞬で気を紛らわせる秘訣

嫌なことを思い出したら、とりあえず、上を向く。

ずっと下を向いていて、ハッピーになれる人なんていない

過去の嫌なことを思い出したり、
ネガティブな感情が出てしまったりしたときは、
自分の真上を見てみましょう。
こうすることで、記憶を思い出す能力が下がり、
嫌な気持ちから逃げることができます。
さらに、上を見るときに両手をあげると
肩こり解消になるので、私もよくやっています。

落ち込んでいるときは、
下を向いてしまっていることが多いので
斜め上を見る意識をつけましょう。

52

「褒められて謙遜」、やめませんか？

褒められたときや、
認められたときは、
素直に「ありがとう」と
言ってみよう。

「あなたはデキる人だね」「頭がいい人ですね」と、誰かに認められたときに「本当の自分の実力はそうではない……」「みんなを騙している」なんて考えてしまうときは要注意。

自分を必要以上に下げてしまう「インポスター症候群」にかかっています。この症状になると、どんなに成果を出しても、自分の能力を認められずに卑屈になってしまい、心を病みやすくなります。

私もよく褒められたときに、「本当の自分は何も出来ないのに……」と思って尻込みしていましたが、**最近は「人の評価は適当だから、自分のために頑張ろう」と思っています。**

誰かに認められたときは深く考えずに、脊髄反射で「ありがとう」と言っておけば大丈夫です。

謙虚とは自分の能力を認めた上で、足りないところを見ること。卑屈とは自分の能力を全て否定すること。

53

心がポキッと折れないために

燃え尽きるまで、
頑張らない。

気持ちや時間に余裕があるぐらいが、ちょうどいい

仕事を頑張って成果を出すことは大切ですが、
肉体と精神の限界ギリギリまで頑張って、
家に帰った後に「もう何もしたくない」と思うのは危険信号です。
「頑張れば年収２千万円になれる！」
「一生役に立つ知識を学べる」
なんて大きなリターンを見込める場合はいいですが、
普通のサラリーマンで死ぬほど頑張ってもたいていは報われません。
家に帰って失神するように寝て、朝も無理矢理起きて仕事に行くのは、
すでに自分の限界を超えています。
そんな生活を続けていたら、成長するどころか、心が折れてしまい
休職や退職になる可能性が高まりますよ。

54

「腹をくくる」意識を持つ

自信がないときは、まず、覚悟を持つ。

やったことがないことに直面したときに、不安でいっぱいで「自信がないから、やりたくありません……」と、恐れてしまうのは普通です。

私も「批判されたらどうしよう」「うまくいかなかったらどうしよう」と悩んで自信なんてありません。

でも、自信は持てなくても覚悟は持つことができます。

「批判されても仕方ない」「うまくいかなくても仕方ない」と腹をくくると、一歩踏み出せるようになります。

自信に頼るとできないことだらけですが、覚悟を持つとできることが増えます。

覚悟に頼って生きてみましょう。

覚悟の後に自信がやってくる。最初から自信に頼らない

55

「他人の幸せ」は自分に関係ない

誰かに嫉妬したときは、「自分の人生には関係ないよね」と考える。

相手を褒めたほうが「おこぼれ」をもらえて、いいことあるかもよ

自分よりも早くに昇進した同期や、自分が持っていない幸せをつかんだ友人を見ると、「あの人ばかり……」と嫉妬して、ついつい悪口を言いたくなるものです。

そんなときは「自分の人生には関係ないよね」と思ってみてください。

同僚がみんなから褒められて出世しようが、友人が素敵なパートナーと付き合おうが、あなたの人生にはほぼ関係ありません。

そんなことにイライラしても仕方がありません。

どうせ関係ないのであれば、素直に「おめでとう」と言ったほうが100倍いいですね。

56

この方法で、やる気がアップ！

やる気がないとできないのは
気まぐれです。
とりあえず手を
つけてみよう。

待っているだけでは、永遠にやる気はやってこない

「今日はやる気が出ないなぁ〜」という気持ちもわかりますが、やる気があるときにしかできないのは「気まぐれ」です。

どんなときでも5分間はやってみることを心がけてください。

作業興奮が起こって、徐々にやる気になってきます。

もし、5分間やってもやる気が出ないときは、なにか違うことを5分間やってみましょう。

PCのデスクトップや机の中を片付けてみましょう。

何かする前から「やる気が出ない」と言っていると、それだけで人生が終わってしまいますよ。

column

4

「なんとなく」でチャレンジしてみる

社会人として働いていると「自分がやりたいことって、これだったのかな？」という疑問が湧いてくることが、誰しもあると思います。

少なくとも私は自衛官・会社員時代に一日一回はそう思っていましたし、その度に「人生とはそういうもの」と自分の気持ちをなだめていました（あまり良い慰め方ではないですが）。

私の場合は、心の中にずっと**「文章を書きたい」**という気持ちがありました。

それなのに、一歩踏み出す勇気がなくて悶々とする日々。

好きなことを職業にするには**「何もかもが遅すぎる」**と思い込み、**「もう一度人生をやり直さないと無理」**とさえ考えていました（「来世に期待」という言葉が頭に浮かんでいました）。

そして自分の気持ちに蓋をして、自衛隊退職後は洗濯機のようにぐるぐる回る都会の波に揉まれ、やる気のないサラリーマンになった私。その目は輝きを失い、輝くのは立ち飲み屋だけでした。

ところが、そんなふうに思い悩んでいた日々に転機が訪れます。

それが、２０２０年頃から世界的に流行が始まった「新型コロナウイルス」。

感染の流行で勤めていた会社もいきなり在宅勤務となり、あまりに暇だった私は、「ツイッターでも始めるかな」と自衛隊時代の思い出や日頃から思っていることを書き始めました。

こうして何気なく始めたツイッターですが、思いのほか反響が大きく、フォロワーがどんどん増えていき、当時やっていたブログのアクセスも急上昇。その後に出版の話をいただき、紆余曲折がありましたが、私は結果として「文章を書く」という仕事に就くことができました。

ここから私が得た教訓としては、**自分では大したことないと思っていることでも、思いがけず価値を見出されて世間から評価されることもある**、ということです。「自分には無理」なんて決めつけずに、まずはやってみましょう。

物事を始める理由は難しく考える必要はなく、**「なんとなく」で十分**ですよ。

第5章

「将来の不安」がなくなる!
金曜日の言葉

人生は、
なんとかなれば大勝利

57

相談する相手を選ぶ

夢を追いかけるときは、
夢が叶った人の
意見を聞こう。

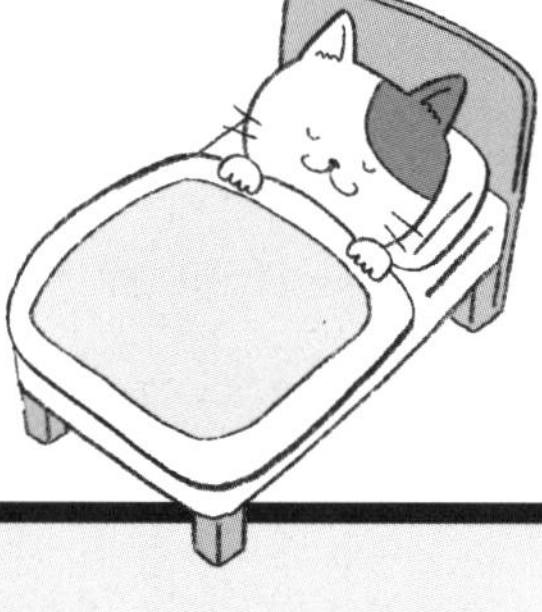

起業したいと思ったときは、お母さんではなく、起業家に話を聞こう

「人生の夢」ができたときは、
同僚・友達などに意見を聞かずに、
その夢が叶った人に会って話を聞きましょう。
私も飲み会のたびに
「いつか本を書きたい」「文章を書いて生計を立てたい」と友人に語りましたが、
「それは無理だと思う」といろんな人に言われました。
いま思えば「そう言われても仕方ないよな」と思う反面、
「誰に話すのかは大切だよな」と気づきがありました。
自分の親しい人は専門家ではないので、
アドバイスを求めると
「そんなことは無理」「できこっない」とすぐに言われます。
だから、夢を話す相手は選びましょう。

58

無理に同調しない

暗い話は
「そうだよね」ではなく
「はあ」「ほお」を
繰り返してスルー。

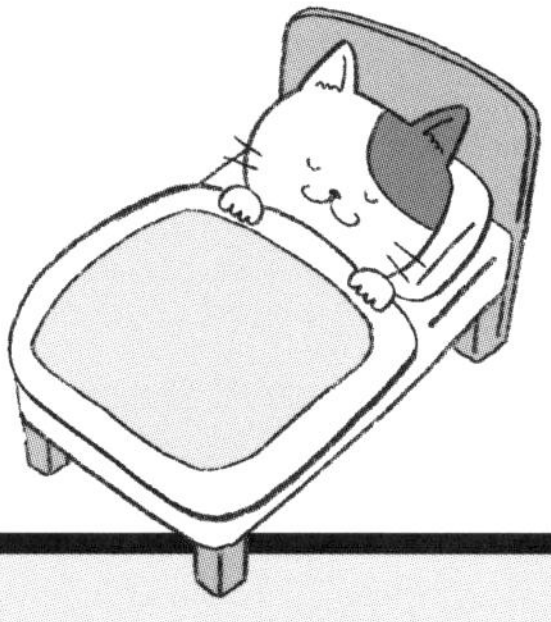

付き合いで不幸になる必要はないですよ

口を開けば
「もう日本は終わりだよ」
「この会社で頑張る価値はない」
「人生は頑張っても無駄」と言ってくるような、
「負のオーラ」が強い人とは距離をとってください。
そういう人たちといると、ついつい「そうだよね」と同調してしまい
負のオーラが感染します。
そうなると気持ちが流されて
「人生はつまらない」と思うようになります。
この人といると感情がどんどん悪いほうに行くな、と
気づいたときは心の赤信号です。

59

自分の人生は自分で救う

どんな人生でも
「これが最高得点」
だと思うと、
心の隙間を埋められます。

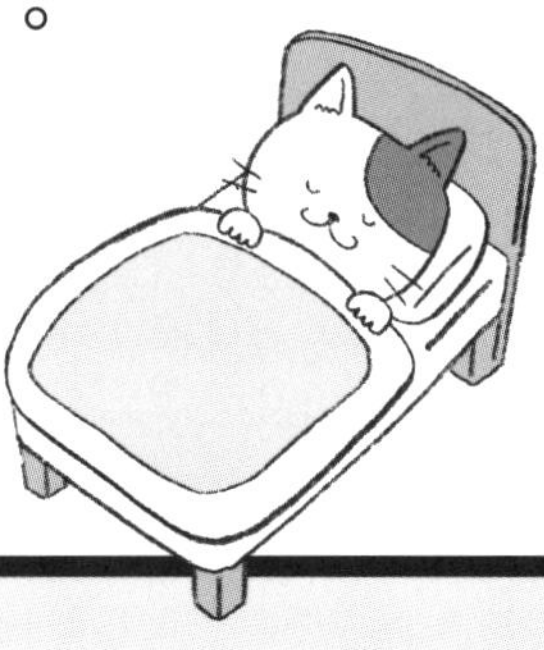

人生は思った通りにならないことが多く、
望んでいたものが手に入らないこともたくさんあります。
「いい大学に入れなかった」「理想の仕事じゃない」と思うことは誰でもあります。
ただ、本当に望んでいた人生を「100点」にして
今の人生を「60点」と考えてしまうと、
「埋められない40点」のことばかりを考えてしまいます。
手に入らなかったものを基準にしてしまうと
「自分は不幸だ」と感じるのは当然です。
たとえ60点の人生だとしても、「これが自分の最高得点」と思えば
心の隙間を埋めることができ、自分の人生が救われますよ。

人生に足りない点数はありません。いつでも最高得点です

60

こんな恋人とは、別れたほうがいい

「つまらないな」と
思うパートナーと、
一緒にいる必要は
ありません。

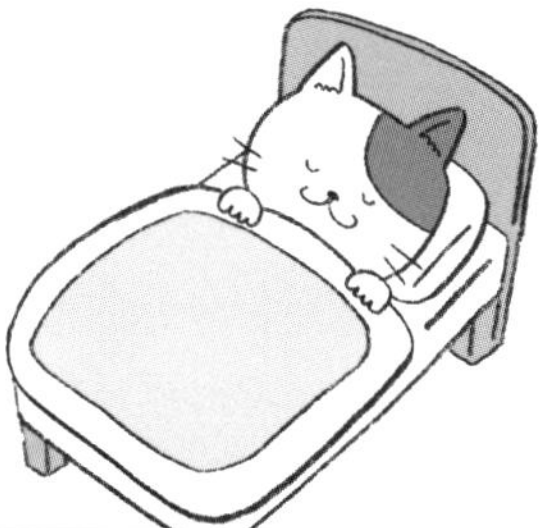

恋人のいいところを探してしまう関係なら、もう別れ時です

お付き合いしているパートナーと一緒にいるときに、
「退屈だな……」「時間がもったいない……」
と、もやもやしてしまう場合は、少し距離をとってみましょう。
「つまらない」と思うときは、あなたの心に実りはなく、無駄な時間を過ごしている可能性が高いです。
そうした人たちと距離をとってみると、
一緒にいて楽しい人、落ち着ける人、成長できる人が、
きっとあなたの目の前に現れます。
人間関係は常に変化をしていくので、
変化を恐れずに楽しんでください。

61

実は臆病者が最強!?

不安があるのは
普通のこと。
ダメなことじゃない。

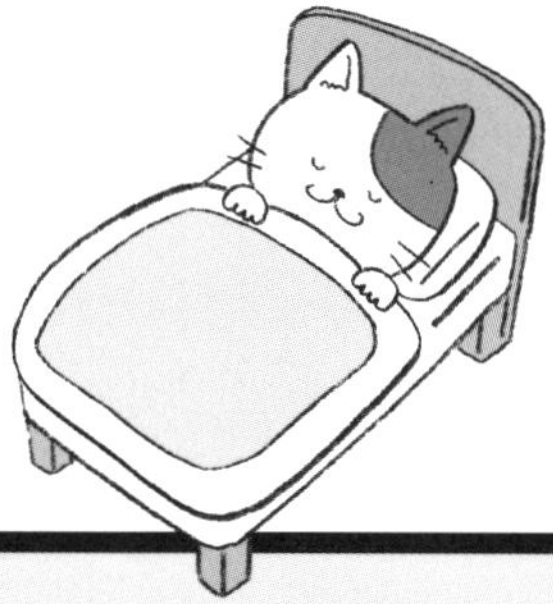

ふとしたときに不安を感じ、

「このままじゃうまくいかない……」と感じても安心してください。

不安は本能であり、不安を感じることは普通のことだからです。

人間は「生き延びる」ことが人生のゴールであり、

生き延びるためには「不安」が必要になります。

明日の食料・住まい・人間関係などを常に気にして、

改善をしていくために、不安という感情が必要になります。

不安を感じたときは「もうダメだ……」ではなく、

「生き延びようとしているんだなぁ」と思ってみてください。

不安を感じない人は「自分は間違いない！」と走り出して、

崖から落ちてすぐに死にます。

臆病なくらいがちょうどいいのです。

ずっとハッピーな人はすぐに死ぬ。だから不安があるくらいでちょうどいい

62

いつもギリギリだって、大丈夫

人生は、なんとかなれば大勝利。

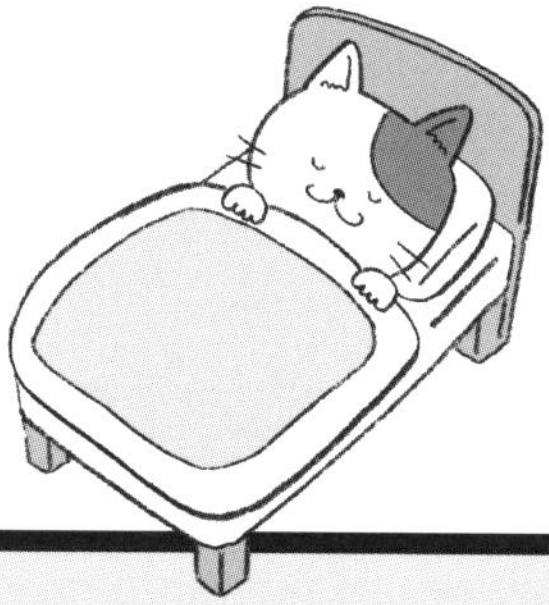

一生懸命頑張った仕事で成果が出ない。
親切な気持ちで動いて怒られる。
理想の人生に全く近づかない。
そんなことばかりで嫌になります。

だから人生は「なんとかなっている」と思えれば、それでよしです。
怒られても、思った通りにいかなくても、成果が出なくても、
なんとか社会で生きていければ問題ありません。
そもそも、うまくいかないのが普通です。私もちっともうまくいきません。
なんとかなっているのに、自分を責めないでくださいね。

うまくできなくてもいい。なんとかなっていればそれでいい

63

「置かれた場所で咲きなさい」と言うけれど……

咲きやすいところで
咲いてみよう。

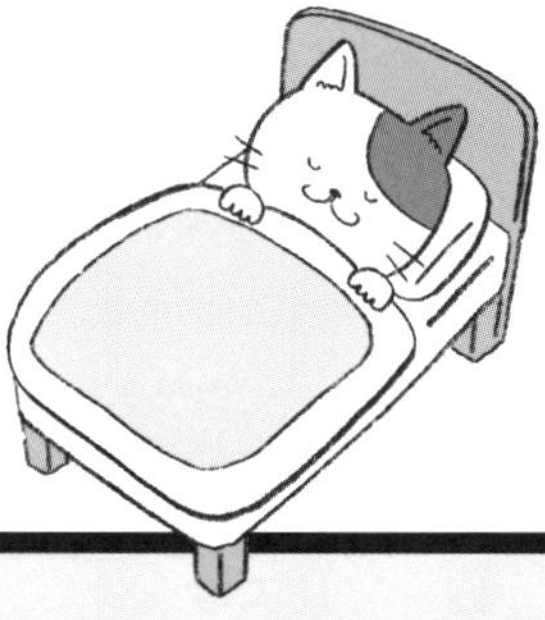

勝てそうなところで咲く努力をやってみましょう

「置かれた場所で咲きなさい」はとてもいい言葉ですが、人間は鉢植えと違って移動できますし、会社の奴隷でもありません。

「ここで続けていくのは無理だな……」

「ここではやりたいことはできない」

と毎日思うようであれば、環境を変えてみましょう。

あんまり無理をすると咲く前に枯れます。

あなたは自分の判断で職場を変えることもできますし、付き合う人も変えることができます。

全ては自由です。

つらい環境でも「きっと報われる」と思うことができれば残ればよし。

「ここでは報われないな……」と思ったら、他の環境も見てみましょう。

64

つい考えすぎてしまうあなたへ

後悔と不安を なくすためには、 いまに集中するしかない。

過去と未来を考えるのには、「昨日食べたご飯」「明日食べるご飯」ぐらいが、ちょうどいい

誰でも過去を思えば、「あのときに志望校に合格していたら……」などと後悔し、未来を思えば「このままじゃ、きっとうまくいくわけない」と不安になります。

過去と未来ばかりを思っていると、後悔と不安の振り子で「本当に自分の人生は情けない……」となります。

これを防ぐためには「いま」に集中するしかありません。

目の前の課題を整理して、一つずつやってみるしかありません。

課題に集中すると、過去や未来が消え、意識が現在に集中します。

いま自分ができることを考えて、やってみるしかないですね。

65

できる人ほど、「午前中」に動く

夜に考えごとをしても、
何も良いアイデアは
出ない。

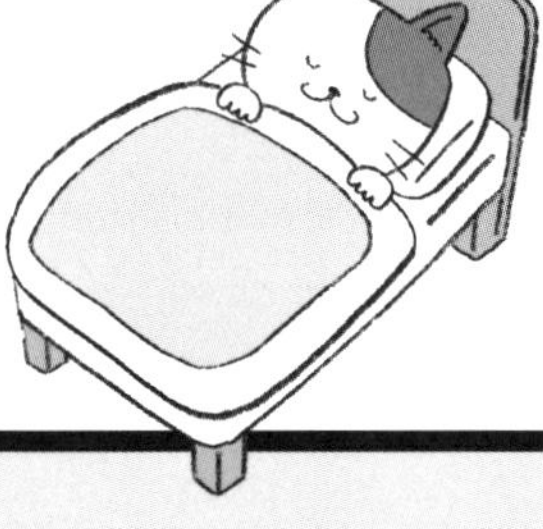

夜に悩んだら「朝にやろう」と考える

太陽が沈んで真っ暗になった夜は雰囲気が重く、日中のストレスや、疲労が出てきます。

将来のことを考えたとしたら、ネガティブになるか、妙にテンションが高くなって、ブログに謎のポエムを書くようになります。

変なロマンチストになるか、ネガティブで絶望するか、どっちかです。

夜にいろいろ考えても、使えないアイデアばかりなので、ほどほどにしておきましょう。

66

思い描いていた人生とのギャップ

安心してください。
人生は思い通りに
なりません。

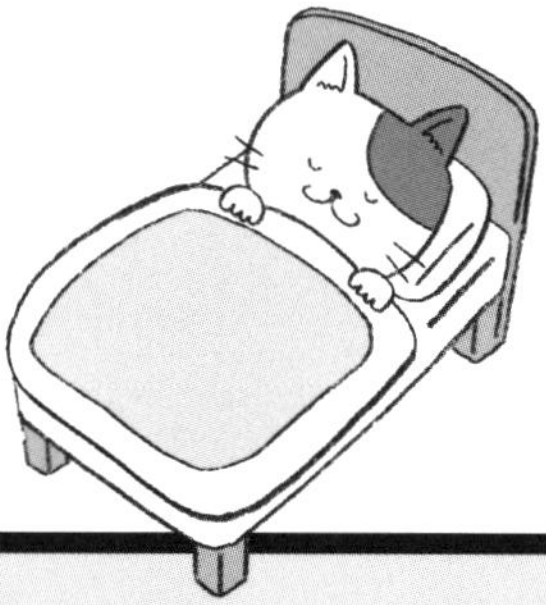

綺麗なキャリアなんて想像しなくていい

20代は、

「自分は何年後にマネージャーになる」「ここまでには結婚する」「将来は年収１０００万円」

なんて考えることがありますが、その計画はほぼ叶うことがありません。

人生はびっくりするぐらい思い通りにならないからです。

成功している人に聞くと、「自分がこうなると思っていなかった」と答える人が多いですし、私も自衛隊をやめて出版をするなんて、思いもしませんでした。

いろいろと思うことがあっても、退屈でも、まずは目の前のことにベストを尽くすと、条件の良い会社からオファーをもらったり、素敵な人と出会ったりすることもあります。

流されて生きるのも正解ですよ。

67

人生は地味で退屈なもの

人生にドラマのような
展開はほぼありません。
だから、自分なりの
ストーリーを持ってみよう。

あなたが物語をつくらないと、いつまで経っても始まりません

人生を楽しむためには「自分だけの物語」を持つ必要があります。

例えば「可愛いネコと暮らす」「推しのライブに行く」「将来は地元に帰る」などのストーリーを組み合わせて、自分だけの物語をつくってください。

その物語があなたの心を強くし、人生に目的を与えます。

私は嫌な仕事が始まる前には焼肉屋さんに予約を入れます。

そうしておくと「この仕事が終わったら肉だ…！」と頑張ることができるのです。

よく自衛官がやる技ですが、効果は絶大なので、好きな食べ物で試してみてください。

68

価値あるものは、「どん底」にある

つらいときは何かしらの
教訓を得よう。
「つらかった」という
言葉で済ますのは
もったいない。

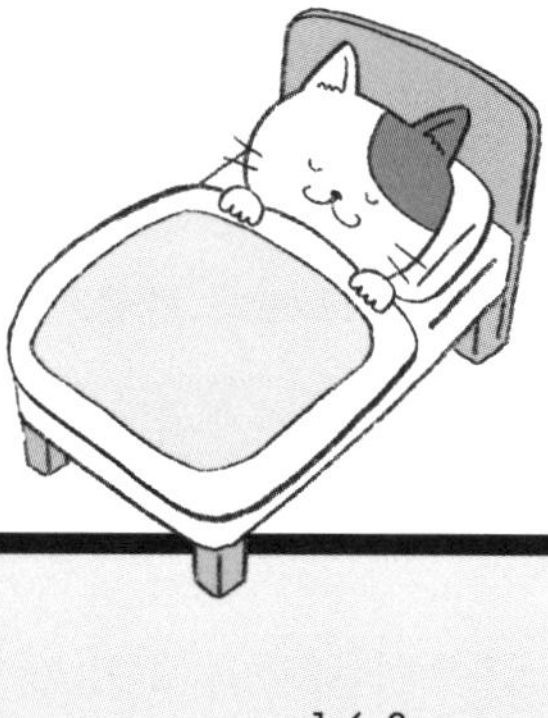

せっかく底にいるのだから、宝物を拾って上がってきてください

砂金は川底に落ちているように、
シンドバッドの冒険で、谷底に宝物が埋もれていたように、
価値のあるものは、目につかないところに落ちているものです。

それと同じで、**人生のどん底にも宝物は落ちています。**

だから、私はつらいときは教訓を見つけるようにしています。

「苦しい環境では誰もが性格が悪くなる」

「お金がないと常にお金のことばかり考える」

「本当に疲れると言葉が出てこない」

これらを身をもって学ぶと、もっと人に優しくなれます。

しんどいときは「もうダメだ」「もうおしまいだ」と思うこともありますが、
そういうときこそ、大切なことや教訓を学びましょう。

column

5

逃げ道は、あればあるほどいい

会社で働いていると、つらいことに遭遇したり、不条理な目に遭ったりすることもあります。よくあるのは「入社した会社がブラック企業だった」「上司と相性が合わず、怒られてばかり」などのケースです。

そうしたときに心の支えになるのは**「逃げ道」**です。

逃げ道と聞くとネガティブなように思えますが、実際の戦場においても、「これはまずい！」と思ったときに移動できるように、「予備陣地」や「撤退経路」などを事前に準備をして戦います。

無計画で逃げることは「敗走」ですが、計画的に逃げることは「撤退」です。

人生もこれと同じで、逃げ道を確保しておくと「いつでも逃げることができる」と心の余裕が生まれ、安心感につながります。

一方で逃げ道がないと「ここで通用しなかったら、自分はおしまいだ……」という切迫感で自分を追い詰め、どんどんしんどくなるので要注意です。

では具体的な逃げ道ですが、一つだけではなく、あればあるほど良いでしょう。

例を挙げるとすれば、**「実家に戻って働く」「友人が勤めている会社の社員紹介制度を頼る」「フリーランスとして働く」「前の会社に出戻りする」**など、思いつく限りのコネクションを活用すると、いざというときに身を助けることになります。

ただ、いずれの逃げ道を使うにしても、一番大切なものは**「貯金」**です。

貯金がないと「生活費がもたない」「引越しできない」など多くの制限が付き、撤退計画が破綻する可能性が高いからです。

また、仕事をしながら「今月の支払いは……」と頭の中でお金の勘定をすることになり、日常のパフォーマンスもどんどん下がるので注意が必要です（ローンなどがあるとさらに苦しみます）。

個人的な意見としては**「貯金は心の防波堤」**だと思っています。最低でも3ヵ月は暮らせるだけの貯金がないと、すぐに防波堤は決壊して、逃げ場がなくなってしまいます。

「しんどいなら逃げてもいい」は間違いなく真理ですが、下手な逃げ方をすると人生を再度立て直すまでに時間がかかります。

だからこそ、元気で順調なときこそ逃げ道をつくっておいて、「これはやばい！」と思ったらすぐさま逃げられるよう、準備しておきましょう。

おまけの章

「休んだ気がしない……」がなくなる！
土日の言葉

幸せは人それぞれ。自分が幸せなら「リア充」です

69

「こたつでアイス」でも十分

幸せは人それぞれ。
自分が幸せなら
「リア充」です。

自分が「幸せ！」と感じる瞬間を大切にしましょう

「みんなに羨ましがられることをする」のではなく、「自分の幸せ」を追求しましょう。

家にいることが好きなら家にいればいいですし、一人でいるのが好きなら、一人でいればいいです。

私もSNSのキラキラ人生に憧れて、色々と挑戦してみましたが、「家にいるのが一番楽しい」「友人は少しでいい」と気がつきました。

暖かい部屋で映画を見ながらアイスを食べたときに、「幸せだ！」と感じるのであれば、あなたのリアルは充実しています。

70

「新しい趣味」に要注意

疲れているときは新しいことは始めない。

新しい出会いや、未体験の感動は、体力が回復してからでも遅くない

クタクタに疲れているときに「せっかくの休日だから」と新しい趣味を始めると、気疲れと緊張で余計に疲れてしまいます。

私も疲れているときに料理教室に行ったことがありますが、知らない人と知らない料理を作って余計に疲れてしまいました。

疲れているときは「自分が慣れていること」をするのが一番です。

本屋に行く、カフェで読書する、雑貨屋で買い物するぐらいにして、あとは家でゆっくり休みましょう。

71

近場で旅行気分を味わう

暇な休日は、少し冒険を。
降りたことのない
駅に行ってみよう。

見知らぬ土地でワクワクする

「休日にやることがなくて退屈だなぁ……」と思ったときは、
今まで行ったことのない近所の駅に行ってみましょう。

最寄り駅から数駅離れただけでも、新しい発見がたくさんあります。

新しいパン屋や喫茶店を見つけるだけでも心はワクワクします。

私は見知らぬ駅で降りて、知らない細い道を歩くことが好きです。

「もし自分がここで生まれていたら……」と想像しながら歩くと、楽しい時間を過ごすことができます。

見知らぬ場所にいると新しいアイデアが出ますし、
お金もかかりませんから、少し冒険してみましょう。

72

「一日中ゴロゴロ」の罪悪感を捨てる

「何もしない日」を決めてしまおう。

予定がない休みの日に
「旅行に行けばよかったな……」

「友人に会えばよかった……」

と思うと、せっかくの休みがもったいないです。

そういうときは「今日は何もしない日」と決めてしまいましょう。

身体を休めることにエネルギーを注ぎましょう。

好きな映画を見る、好きなケーキを食べる、簡単な散歩をする、お昼寝をする、お風呂にゆっくり入る、と決めてしまえば、その日は「理想の休日」になります。


予定がない日ではなく、「何もしない日」と思えば、気持ちもリフレッシュできますよ。

後悔しないように、気持ちを切り替える

73

「誘われる派」の落とし穴

誘わない限りは、
誘われない。

誘ってほしいオーラを積極的に出さないと、あなたはずっとひとりぼっち

休日に「一人ぼっちでさみしい……」と思う人は、誰かに連絡をし、遊びに誘う癖を身につけましょう。

私も誘うよりも「誘われる派」ですが、そんな待ちの姿勢だと声をかけられずに、さみしい思いをすることが多いです。

やりたいことや、会いたい人がいたら、自分からアプローチをしましょう。

この癖をつければ、いろんな人から誘われるようになり、さみしさがどんどん消えて、充実感が高まります。

74

眠れないときは100万円を使い切る妄想をする。

仕事でもやもやして眠れないときは、仮に誰かから100万円をもらったとして、それを使い切る妄想をしてみましょう。

妄想なので、買うものはゲーム、バイク、車、アイドルグッズ、本でもなんでもOKです。好きなところに旅行に行くのもいいですね。

好きに楽しんでみましょう。

このときのコツは、家を出るところからスタートしてワープをせずにお店までの経路もリアルに考えること。

これをやると10万円も使い切らないうちに眠くなって寝ます。

幸せな気分で眠りたい人は試してみてください。

どうせなら幸せな気分で寝てみよう

column

6

日曜日の夜は、未来に希望を持たせよう

楽しい休日が終わりを告げる日曜日の夜。

明日に待ち受ける、気が進まない仕事を思い出し、どうしてもネガティブな気分になるものです。

「明日仕事したくないな……」とため息ばかりになりますが、そんなときこそ、未来に希望を持たせましょう。

ここで**日曜日の憂鬱を吹き飛ばすアイデア**を3つ紹介します。

憂鬱を吹き飛ばすアイデア❶ 求人サイトを見る

常日頃から「やってみたいな」と考えている仕事の未経験求人や、今やっている

仕事の他社求人などを見て、**自分の将来のビジョンを想像**してください。

実際に応募はせず想像するだけでも十分、「自分はずっとこのままなのか……」という憂鬱な気分を消すことができます。

私も会社員時代はよく転職サイトで求人票を見ていましたが、同業他社でも「給与水準が違う」「在宅勤務が多い」などの違いがいくつか見つかるので、なかなか面白いです。

また、求人を見ることによって、社会で求められているスキルと自分の能力の差を理解することができ、日常の仕事のモチベーションアップにもつながっていきます。

「TOEIC700点以上であれば年収アップできる」「実務経験が5年以上あれば転職の幅が広がる」などの条件を実際に見ることにより、具体的な目標ができ、人生が少し楽しくなります。

憂鬱を吹き飛ばすアイデア❷ 水曜日に楽しい予定を設定する

「好きな漫画を買う」「ケーキを食べる」「サウナに行く」といった予定を立て、**週の半ばのチェックポイント**を設けてください。こうすることにより、気分が下がりがちな平日でもテンションを上げることができます。

憂鬱を吹き飛ばすアイデア❸ 次の休日の予定を決める

この予定は、「午前中は映画を見る」「午後は服を買う」「夜に焼肉を食べる」など**朝から晩までのスケジュール**を立ててください。そうすることで、次の休日が一層楽しみになり、自分にエンジンをかけることができます。

これらは一例ですが、**憂鬱なときこそ、自分に希望を持たせることが大切**です。

ぜひ、いろいろ試してみてくださいね。

おわりに

自分で自分を励まして、今日も生きていく

最後までお読みいただき、ありがとうございました。

本書では、月曜日～金曜日を気持ちよく乗り切る考え方をお伝えしてきましたが、どうしたって人生は嫌なことばっかりだと、私は考えています。

何もせずにモチベーションが高い人たちも世の中にはいますが、普通の人であれば、毎日生活する中でモチベーションというものは下がっていくものです。

「今の仕事はなんのためにやっているのか？」
「自分のやりたいことはこれなのか？」

こう思った瞬間に意欲はダダ下がり。退屈や無気力感に心が支配されます。

さらには、良かれと思ったことが「余計なお世話です」と言われたり、「これはうまくいくだろう」と思ったことが「ダメです」と言われたり……。

「しびれるなぁ……」と心が折れそうになることだって、たくさんあるでしょう。

だからこそ、**ゲームの勇者が回復魔法を使って自分を癒すように、自分で自分を励ます言葉が必要**なのだと思っています。

ネガティブな私だからこそ、そうした言葉の価値を実感しています。

実をいうと、私自身この本の執筆中に、心が折れそうになったことがたくさんありました。

そのたびに、「始まれば終わったようなもの」「面白くなってきやがったぜ」とぶつぶつと自分に言い聞かせながら、なんとか完成させることができました。

特に現代の日本では、先行きが見えず、暗い話ばかりで、「頑張っても意味がないんじゃないか」と思える瞬間がたくさんあると思います。

しかし、そのような時代だからこそ、自分で自分を励ませる言葉を知っている人は強く、**自ら希望を生み出して、しぶとく生き抜いていける**と、私は考えています。

実際に私が自衛隊で出会ってきた明るい人たちは、根拠が全くなくても、

「人生はハッピーエンドになるようにできている」

「なんとかなるだろう」

と、当然のように信じている人が多かった印象です。

言葉が生命力を生み、きっと強いレジリエンス（回復力）を得ることができるはずです。

つらいときには、再度パラパラと本書をめくってみてください。

ぱやぱやくん

元陸上自衛官ぱやぱやくんが会得した

金曜夜《きんようよる》まで仕事《しごと》のモチベが続《つづ》く言葉《ことば》

2023年 2 月28日　　初版発行

著　者……ぱやぱやくん

発行者……塚田太郎

発行所……株式会社大和出版

　東京都文京区音羽1-26-11　〒112-0013

　電話　営業部03-5978-8121／編集部03-5978-8131

　http://www.daiwashuppan.com

印刷所……誠宏印刷株式会社

製本所……株式会社積信堂

装幀者……喜來詩織（エントツ）

ISBN978-4-8047-1896-5

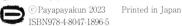